꽃망울의 짝사랑

최순애 시집

을지출판공사

❙ 시인의 말 ❙

갈팡질팡 흔들린 영혼
사람 내음 눈물겹도록 그립다
혼돈된 일상 정도의 길 찾아 헤맨다
화려한 꽃만 꽃이 아니다
초야에 핀 달맞이꽃 순수를 나누고 싶다

한적한 간이역 쉬어 가는
나그네 한 사람이어도 좋다
보이지 않는 공기와 바람과 소중한 비
거저 마시운 감사를
우둑한 나목 모두에게
낭만의 파장을 던져 주고 싶다.

2016년 초가을
동천강변에서

최순애

Contents

차례

제 1 부 무인도 독백

Contents

Contents

Contents

Contents

제 4 부 사랑 하나 붙잡고

제 1 부

무인도 독백

무인도에 서성이는
어미 훌쩍 날아가 버린
새 한 마리 머언 수평선.

낙숫물

토닥토닥 낙숫물
울 엄니 자장가다
내 영혼 다독이는 저 소리

마당 휩쓸고 간 흙탕물
동동 떠가는 물거품은
어디서 왔다 어디로 갈까
교차로에서 인생을 본다

무지개꿈 동동 떠가다
퍽 꺼져 버리는 소리
꺼지면 생기고 생기면 또 꺼지는 물거품
오고 가고 가고 오고 분주하다
어디서 왔다 어디로 갈까.

에덴의 꽃망울

봉긋봉긋 꽃망울의 미소
필 듯 터질 듯 오랜 머무름은
내 영혼 홀린 에덴의 꽃망울

고백할까 짝사랑 하니 두려워 영혼에
묻은 숭고한 사랑
홀연히 활짝 핀 꽃 폭죽을 터뜨렸다
내 영혼 놀라 깨운 너

기다림이란 안타까우면서도
무한한 감미로움의 짝사랑의 전율
오랜 머무른 자태 경이로웠다

생글생글 부푼 꿈의 향기
삶의 충전을 받고
늙은이 유일한 낙.

똘박

뒤란의 똘박
무성하게 푸른세상 그려 놓고
소박한 천사의 미소로
오동나무에 앉은 달님과
야밤에 눈맞춤터니

몰래몰래 뜨거운 열애
덤불 속 헤쳐 솟아오른다
사랑의 씨앗
지아비 쏘옥 닮은 놈 하얀 달덩이
하늘에서 떨어졌냐
땅에서 푹 솟았냐
어허둥둥 내 사랑아

불면 날아갈까 쥐면 꺼질까
삼대독자 외아들 우리 할매 둥개사랑
내 고향 초가지붕 위 보름달로 떴다
할매 행복 걸려 있다.

은빛 마을

은꽃이 하얗게 만발한 은빛 마을
고적한 산마루 억새꽃으로 흩날린다.

초연히 피어 있는 으악새꽃
깊은 강 물줄기도 메말라 버린 채 수액과 진액 모두
골 패인 이랑마다 망태 주름살
살아온 고뇌의 흰머리카락만
면류관처럼 눈부시다.

향도 나비도 없는 억새꽃
차라리 망부석이다.

비목처럼 흔들거리는 장막
그가 우리 이정표인가.
무상 가득한 눈빛의 복사꽃 핀 고향 생각
아른거린 소녀처럼 살며시 웃는다.

딸이 와서 엄마 하고 불러도 동문서답
당신은 뉘시냐고 되묻는다.
"엄마 나 순자요."
그래도 나와는 상관없다는 듯
훌쩍 일어서 어디론가 가려고 분주하다.

"엄마 나요."
아들이 와서 손을 잡아도
여보라고 부르는
어머니 눈엔
남편의 모습으로 떠오르는 듯
아들을 바라보며 수줍어한다.

터엉 빈 껍데기
그 안의 알맹인 누가누가
훔쳐 먹었을까.

동백숲

어부 낭군 기다리다 멍든 동백네야
한 맺힌 전설 가슴에 달고
하늘 닿을 듯한 꽃길 접어
임의 소리 귀 세운다
눠 애간장 녹이려 그리나 고우냐.

숭고한 사랑 다소곳이
내 영혼 하도 좋아 빠져 죽겠네
신기루 찾으려고 헤맨
내 영혼 깨어 보니
이 길 행여 천국 가는 길 아닌가.

오르던 계단 헤어 더듬는다
청푸른 가슴에 화신을 달고
내 영혼을 녹이는
한 맺힌 동백네야.

갈대숲

아름다운 손짓 거기 평행선
무구한 자유의 새들의 낙원
청청 푸른 갈대숲은
군대처럼 씩씩하구나
거기 최초 우리의 에덴동산.

꽃신

세라복의 양 갈래 머리 소녀 학교 가는 뒷모습이
어찌나 그리도 부러웠던지
면장댁 딸 여고 가는 그 길까지도 사모했다

우리 엄닌 땡볕에서 콩밭 매준 품삯 겉보리 한 됫박
절구통에 찧던 청승스런 가난 제비 같은 새끼들
흰쌀밥 한 그릇 한평생 소원이었다

그 한 죽어서도 이내 못 잊어서
뒷동산 뻐꾹새 혼 덧입고
풀때죽 풀때죽 머얼건 풀때죽
절절한 가슴 저며 애간장 보골보골 애끓는 소리

그 풀때죽마저 새끼들 다 덜어 주고
당신 배는 부르다 부엌에서 요기했다고
어여 먹으라던 텅빈 속내 헤아리지 못한
내 배만 채우려 했던 머루 같은 눈알 번드였다

당신의 한 풀린 대한민국 쌀 넘쳐나서
물질만능주의 풍요가 가져다 준
작은 것의 감사와 행복 잃어버렸다
행여 당신 사랑마저도 잊어버릴까 봐
짧은 가방 끈 어깨 너머로 가갸거겨
몽당연필로 그려 봅니다

살갗을 오려낸 듯한 아픈 가난 속에서
사다 주신 예쁜 꽃신 그 사랑 잃을까 봐
가슴에 품고 자던
꽃신에 묻은 행복
민들레꽃으로 핀 당신은
내 영혼의 분신.

추억

홀연히 변한 모습
유수 같은 세월아
지난 세월 계수해 보니
파일럿 검정 코트
빠알간 구두 똑똑똑 아가씨

덕수궁 돌담 돌아 창경궁 지나면
명륜동 고상한 한옥집 문간방
나의 자취방 영혼은 아직도 그때 그 순정

세월아 야속타
속내 반란이 인다.

조언

시 한 편엔 단막극과도 같은
소설이어야 한다고
함축에 함축을 더하여
보약의 엑기스처럼 시의 생명은
함축미에 있다고
내게 조언하던 시인님
다시 볼 수 없는 머언 길 가고
내겐 그 하신 말씀 영원한
숙제로 남았다.

고희

유년에 보았던 높고 높은
험준 산령 산신령 같은 할아버지가
에헴 헛기침 소리
뒷짐 지고 담뱃대 물고 걸어갈 때

동글동글 올빼미 같은
돋보기 안경 너머
흔들흔들 무섭던 산
어지러운 눈 쌓인 하얀
백두산 정상 위 무사히
나도 입성했습니다그려.

노짐고개
―어머니 1

오솔길 지나서 노짐고개
넓적바위 앉아서
저 멀리 오실등
굽이굽이 치맛자락
울 엄니 같아

초롱한 눈빛 바라 설레임에
순자엄니, 영자엄니 돌아올 때
울 엄니 안 옵디여
울먹인 고개

눈깔사탕 기다리던 진종일
아가!
내 새끼야 부르는 소리
억새꽃 손짓도 울 엄니 같아
오실등 넓적바위 앉아서
기다리던 임.

어느 시인의 말

시를 쓰는 데는 모사와 기술이 중요하다네
시각, 청각, 촉각 총동원하여 생각의 타이밍을
잘 낚아채라 하네

시어와 시어 사이에도 관계망이 존재한다고
삽입과 절제를 두고 수없이 고뇌하며
언어의 함축미를 뽑아내야 한다고
때로는 대상을 낯설게 하고
거꾸로 뒤집어 들여다 보고
그래야 절제된 묘사가 나온다네

유통된 언어들이 시의 행간을 채우고
조사를 절제하지 못해 시로써의 생명을 마감하는 시
단 한 줄의 절제된 언어 위해 고민되거든
여백을 두라고 그것은 독자와 물건의
긴밀한 소통이라고 하네

고로 시를 쓴다는 것은 뼈를 깎는 고뇌다
한 권의 시집을 내고 나면
십 년은 더 늙어 버린 느낌이다
밤새껏 쓴 시가 새벽에 읽어 보면 또
고치고 다듬다
뼈도 몸통도 사라진 대상까지도 보이지 않는
그래서 찢어 휴지통으로 가고
분해해야 하는 시심

초심으로 돌아간다 본 대로 느낀 대로
세 살 아이 말 배우는
옹알이처럼 때묻지 않은 순수
히히덕 히히덕 웃는 푼수
쓸수록 무섭다는 것이
시라고 고백한다.

생명의 근원 단비

당신 오시면 시낭송 하고 싶어요
사랑하는 모든 이여 들어 주세요
사분사분 가랑비 참 아름답지요

당신 오시면 엽서 한 장 쓰고 싶어요
사랑하는 모든 이여 읽어 주세요
섬섬옥수 수놓아
영혼의 발레 춤추고 싶어요

당신 오시면 생명의 기운이 파동 쳐요
사랑하는 모든 이여 기를 받아 주세요
토두락토두락 낙숫물 소리
울 엄니 자장가처럼 평온이 와요

당신 오시면 사랑하고 싶어요
사랑하는 모든 사람들이여 받아 주세요
생명의 젖줄 비기 새삼 고마워요
무취무상의 감사를 노래하고 싶어요.

별

저 하늘의 별 좀 봐
천상의 별보다 더 화려한 불꽃
하늘에만 별 있는 게 아니지야
내가 별밭에 살고 있었구만

나의 유년 별 하나 꽁꽁 별 둘 꽁꽁
손가락 헤던 그 꿈속의 별
하늘에서만 별인 게 아니지야

꽃피고 새 울고 천둥 번개 가슴 치던
예 작은 별밭에 내가 살고 있구만.

천사

우리 외갓집은 순천만 서편 양철대문집
외가댁 숙모님은 날개 없는 천사였다
팔 남매 자신의 자녀 거두기도
힘겨웠을 텐데 시누이 자식들까지
다독다독 챙겨 주신 사랑 새록새록 피어난다
우리는 완전히 외가 것 먹고 살았다

외할머니는 여승처럼 까까중 머리로
뇌졸중으로 쓰러져
몇 년 동안 병상에 누워 계신데도
역겨운 내음 없이 깨끗한 간병을 하신 숙모님
언제 보아도 자애로운 눈빛의 변함없는 모습
우리 숙모는 이 세상에서 종자로 보존해야 될 사람이다
저승에서도 좋은 일 하고 계신가
휴대폰 '여보세요 숙모요' 전화번호 돌려 보고 싶다
큰 고깃배가 두 척인 외가는 부잣집이었다

만선의 배 들어오면
낙지 갈치 숭어 바리바리 싸서

셋째 양귀 오빠 배낭에 가득 채워
어서 가라 싸게 가라고
30리 길 도보로 상사면 구계리까지
자갈밭 길을 걸어온 양귀 오빠는
발바닥이 터지기도 했다

자식이 아깝고 안쓰러워서 나 같으면 어림도 없는데
그때 그 당시에도 우리 외삼촌은
동장인 공무원이셨다
그런데 바람둥이셨나
외삼촌이 어느 댁 과부를 보았다고 수군거리는데
우리 숙모님은 행여 소문날까
시누인 울 엄니를 조용하라고 신신당부했다 쉬 쉬 쉬

내가 만약 그 환경에 놓였다면
시누이 새끼들에게 화풀이할 것 뻔한 데도
우리 숙모는 천사처럼 변함없는 모습
이 세상에 다시 없을
숙모님이 유난히 보고 싶어진다
젊어선 몰랐는데.

신비의 세계

적으로부터 보호 위해
먹물 토하는 문어
그들에게도 높은 아이큐가 있다

뼈도 피도 눈물도 없는
머리통에도 자손 대대
번식 위해 수만 개 알 품어
마지막 한 알까지 출가시키고
세상 뜬 문어의 모성애가
날 부끄럽게 한 까닭은

사람은 뼈다귀 있는 집안 찾고
가문 따지고 성씨를 찾고
학벌과 직장, 나이, 생김새, 키, 궁합과 성격
모든 조건 다 가려 결혼해서는

겨우 하나 둘의 자녀 낳아 살다
조금 수 틀리면 이상 맞지 않다

네 것은 양말 내 것은 스타킹이라고

시엄니는 네 엄니 내 엄니는 내 엄니라
서로 좋아 낳은 자녀 무슨 죄가 있다고
애꿎은 자녀들 가슴에 대못질 탕탕 박고서

죄 없는 부모님께 맡기는
사람들 문어만도 못한 쯧쯧.

큰 별의 눈물

어젯밤 큰 별이 떨어졌다
민주화 투쟁에 큰 별
애도의 물결친다
하지만 난 그 별을
강 건너 불 구경하네

삼풍백화점이 울고 서해 페리호가 울고
목포 상공에 비행기가 울고
아현동 가스가 울고 성수대교가 울고
노숙자가 울고 IMF가 울고 기업인이 울고
큰 별의 눈물 이것 외엔 모른다네
큰 별과 작은 별의 차이는
하늘과 땅 차이.

살아 있는 식초 맛

조용했던 마을 여기는
순천만 갈대밭 새들의 낙원이다
또한 이곳의 썩써구리 회맛
생각만도 군침 돋운다
울 엄니 살아 계셨다면
순애 집 회맛 명성 낼 뻔했다

풋호박에 무친 썩써구리 회맛
식초에도 눈이 있다고
자기 집 식초는 죽었다고
씨 한다고 얻으러 온 동네 사람들

나는 여직 그때 그 어르신들의 말
식초가 죽었다고? 살아 있다고? 눈이 있다고?
풀리지 않는 의문에 살아 있는 식초
썩써구리 회맛 그리워진다.

* 썩써구리 : 조개류과에 속한다. 아주 작은 생김새가 마치 튀긴 쌀톨만 하다. 껍데기째 갈아서 살을 낸다.

향수

닭이 운다
꼬끼오
그 옛날 우리 집 그 닭 소리
개가 짖는다
월월월월
그 소리가
향수로 묻어오는 것을 차마 몰랐다

님은 바람으로
내 머릴 쓰다듬어
허공 중의
하늘 보고 땅 보고
텅 빈 공허 속 나는 해바라기.

사람의 마음

열 길 물속은 알아도
한 치 사람 속 알 수 없지
사람의 맘은 천층만층 구만 층이라네
고로 외모 보아 가볍게 판단하지 말라는 게지

하루의 길은 가다가도
소도 보고 중도 본다는 뜻은
도인도 보고 짐승 같은
사람도 본다는 게지

40년을 살아도
알 수 없는 우리 영감 속내는
천층만층 구만 층
중도 소도 아니다
그야말로 모르쇠다.

땅

개발지구 조금 남은 자투리땅
어머니 앞가르마 같은 오솔길
질펀질펀 흘러 내린 흙탕길
와이리 좋노

거짓 없는 너의 진실한 품
개구쟁이로 뒹굴고 싶더라
시멘트 숲 속에 숨통 막힌 나.

무인도 독백

천하보다 귀한 나의 생명 너
한 줄기 외떨어진 꽃잎 하나
너의 생명 나 너 위해 나 살았거니
너 없는 세상은 추수해 간 가을 고즈넉한
텅 빈 공허의 바람이어라
못다 한 사랑

심중의 말 한마디
불러도 대답 없는 사람아
하늘과 땅 사이가 너무 넓구나
빙긋이 웃어 주고 마주 보던 때
널 좀 더 다독여 사랑할 걸
그것이 행복인 걸 예전에 몰랐다

무인도에 서성이는
어미 훌쩍 날아가 버린
새 한 마리 머언 수평선.

사군자

영혼의 꽃수를 놓은
천지에 내뿜은 은은한 향기
고고한 자태의 난초

혹한 설한풍 가슴에 담고
당차게 피워 낸 인내의 꽃
이른 새봄 깨우는 개척자
매화꽃

거센 바람 불어도 꿋꿋한
늘 푸른 대나무
꺾일 듯 꺾일 듯 강풍을 헤쳐 가는
지존 강한 선구자
대나무

오롯이 모여 군락 이루고
풍성하게 피워 낸 그윽한 향
오랜 여운의
국화꽃.

바람

풍차만 바람에 돌아가는 것 아니다
하늘에 뜬 연만 바람 타는 것도 아니다
바다 속 잠수한 해조류까지도 거센 바람에
뒤집혀야 본연의 생태를 유지하지 않는가

삶의 자체가 바람이다
고로 우리는 어떤 바람에 뒤집혀야 할 것인가
한 번쯤 생각해 볼 일이다
어떤 바람 타느냐에 따라서 인생 좌우되는 것
너도나도 익숙한 일
감사한 맘 없어진 가슴마다
해초처럼 낭만의 파동치고 싶다

소녀 시절 누구나 한 번쯤 꿈꾸던 시인과 문학소녀
때묻지 않은 순수
모든 이의 영혼에 자연과 낭만의 파노라마
파장을 던지고 싶다.

그리움

새소리 그리우면 나무를 심고
나비가 보고 싶으면
꽃을 심으면 온다기에

죽도록 보고 싶은 사람아
그리움 꼭꼭 가슴에 심었는데
사랑하는 사람아

심지 않아도 봄은 오는데
꽃을 피워 환히 부른다
사랑하는 사람아
보고픈 사람아.

제 2 부

파도야

오대양 육대주 아닌 동네 앞바다의
대명천지 밝은 대낮 이 무슨 궤변이냐
애꿎은 방파제만 치는
파도야 어쩔거나

나의 계보

그녀는 삼성의 대스타
정열의 화신이다

최우수 3연패 노장은 살아 있다
소박한 주부가 어디에서
저런 기적이 나올까

잠자는 가정 주부님들에게
나팔을 불고 싶다
당신의 숨은 재능을 펼쳐 보라고.

정석자 소장

내가 증원한 정석자 소장은
나를 만나서 자기 운명 확 바뀌었는데
나 옷 한 벌도 안 사 준다
아마 요번 시집 나가면
메이커로 한 벌 해 줄라나?

그녀 집 갔을 때 9평쯤 셋방
무슨 보물이 있다고
자물쇠 꼭꼭 잠가 둔 그 집 앞
시장 싸구려 기웃기웃 고등어 한 마리나
사러 갔는가 싶어서 진종일 기다렸다가
물귀신처럼 물고 왔던 그녀

지금은 나보다 훨씬 커서 소장님
목에 깁스 하고 다닌다.
샌님 같은 저 여자가 소장까지
될 수 있다는 것
삼성생명 덕을 톡톡히 보는 거여
그녀 뒷모습에 나는 속내말 두런두런 한다.
흐뭇해서…….

부자의 화법

새소리 그립거든 나무를 심고
나비가 그립거든 꽃을 심듯이
자손 대대로 잘살기 위함은
유태인 화법을 따르시구려

재물은 사물 눈코도 없는 것이
날개 달아 날아가는 것쯤
누구나 다 아는 삶의 익숙한 일이다

고로 명인의 FC 만나는 것은
유태인 화법 만나는 길
땀 흘리며 맺은 열매
향기로운 인내의 꽃 FC

나무가 되고 새가 되어
멍울진 꽃봉오리
그들은 아름다운 나팔수.

변액보험

국가고시 올해 9번째 도전이다
교재가 세 번 바뀌도록 포기할 줄 모르는
집념의 여인이 나다
드높은 히말라야 설봉을 도전하는 산악인에 비하면
둠벙에서 헤엄치는 거 아닐까 싶다만 그래서
교재가 10번 바뀐다 해도 내가 FC로 존재하는 한
결코 포기하지 않은 이유는 FC라면 당연히
이 자격이 있어야 고객의 자산관리에 참여할 수 있다는
내가 포기할 수 없는 필연적 조건이기 때문이다

가방끈 짧은 내가 쉽게 합격한다면
애써 가르칠 선생님도
황소 팔아서 대학 치다꺼리할 필요가 없것제잉
비록 시험에 낙방은 단골이다만 나만큼의 변액 장점을
아는 사람 나와 보라제 합격만 못했을 뿐
안전장치 하나 잡고 가는 포트폴리오와
시디 엠엔에이 자기자본비율 등 이 어려운 금융용어를
달달 외는 달인이 됐당께 그라믄 왜 합격 못했냐고?
아 글씨 문제만 딱 받으면

그 순간부터 눈앞이 캄캄해지고
그렇게 보약을 이백만 원이 더 넘게 먹었는디도
시험날 3일 전부터 잠이 안 오고
가슴에서 수년 묵은 선풍기 소리처럼 난당께
그러니 시험 날만 되면 사고치기 딱 날 받았제잉
아무튼 언젠가는 합격하제 못한당가
하기만 험사 고객한테 가서 큰소리 떵떵 칠란다
요좋은 변액보험 안 한 것이 후회될 거라고
어차피 이자 없는 시대에 3%의 확정 책임져 주고
합산장 애 50%면 면제와
사고시 커다란 보장해 주는
더 이상의 설명이 필요치 않다
이렇게 좋은 상품은 더 이상 존재하지 않을 것이라고
큰소리 칠란다 미리서 침 삼킨다

내가 무학이라 해서 기죽지 않는다
최고학벌 나오면 뭐 혀
써먹지 못한다면 탱탱 녹슨 낫과 같은 걸
배우지 못한 무학이라도 땀 흘리며
노력하는 자는 보석처럼 빛이 난다는
사실 알기에 그렇게 당당한 이유다.

근속상

근속상은 아무나 탈 수 없지
삼성생명의 30년의 근속을 넘어 5년이 흘렀다

만 명에 하나나 날듯 말듯한 귀한 상
요즘 나 스스로 존경을 표한 이유
오직 정직 성실과 인내
순수한 가슴 없이는 올 수 없는 길을
버팀목 되어 주신 고객님들께
진실한 감사를 표하고 싶다

어떤 사람 만나느냐 따라서 인생 좌우되는
너무나도 익숙하기에
내게 연금 넣어준 사람들 인생의 설계를
잘했노라고 할 땐 마치 내가 그냥 준 것도 아닌데
왜 그렇게 행복할까

참으로 짧은 인생 아니 벌써
새날이 밝았다
믿겨시시 않는다
둘레길 한 바퀴 돈 것만 같은……

연도상

2016년 5월 연도상
유난히 화려하다
우리나라 최고 멋진 명인들
아무리 생각해도 신처럼 보인다

떳떳하고 당당한 저 멋쟁이
어디서 저런 능력이 나올까
타고난 운명처럼

오천 명의 화려한 꽃봉오리 가운데
우직하고 성실한 고목나무 그 곁
우편에 앉은 피라미
오랜 근속의 대우로 꽃물 들었다.

행복 지수

우리나라 행복 지수 전 세계 꼴찌라는데
세계 자살 1위 오명까지
이건 큰 재앙이다
먹을 것 입을 것 바리바리 싸서 버리는 문화
이것은 또 하나의 재앙이다

주워다만 살아도 중산층 같은 나
버린 물품 수집한 재미가 쏠쏠하다
어제는 명품 핸드백 두 개
오늘은 프라이팬
이렇게 가면 몇 년 안에 부자 되겠다

오지 산속에서 태어나 지푸라기로 뒤처리했던
여린 살점이 쓰리고 아리도록 야만족 같은 생활
어찌 나만의 고통이었으랴

목욕은 1년에 섣달 그믐날
오빠 언니들 씻고 난 구정물로

쟁강쟁강 찍어 발라 씻은
누룽지처럼 무릎에 붙은 때
씻는 둥 마는 둥 살아도
그때 나의 행복 지수 짱

일년에 한 번 얻어 신은 신발과 색동옷
행복했던 나 지금도 내 영혼의 꽃봉이라고
기다리던 설날 자다가 눈뜨고 손꼽아 세어 보고
우리나라 몇 년 전만 해도
전두환 대통령이 여 차장들에게
겨울 잠바 하나씩 준 것이 연일 톱뉴스로 떴다

초심을 잃은 우리나라
골프 치고 그랜저 몰고 다니는 것만
행복의 전부가 아니다
당신도 지푸라기로 똥 닦았지
올챙이 때 뒤돌아봐야 한당께.

노동의 신선

님들의 이마 송송 어린
땀방울은 뼈가 되고 살이 되는 길
더불어 사는 우리의 삶의 원천

님들의 이마 흐르는 땀방울은
뿌리가 되고 나무 되고 잎사귀 되어서
새 울고 꽃피운 향기로운 삶의 익숙한 터전
든든한 대들보들
이글거린 용광로 불덩이 헤젓으며
묵묵히 흐르는 침묵 안에서
노동의 신성한 가치는 일깨워 주기로
슬퍼하지도 노하지도 않은 이유외다

이 세상 굴러가고 있다는 사실은
씨종자와 같은 님들의 은혜……

민주화

인왕산 붉은 소나무 소쩍새
마음 놓고 못 울게 했던 시대
방앗간 기웃거리는 참새 떼만 봐도 잡아가고
까치처럼 쫑알쫑알거려도 빨갱이라고 몰아가고
눈만 흘겨도 끌려가서
쉿쉿 입조심 당부
그러던 오월 어느 날
붉은 장미 어깨동무 넝쿨 장미로 쓰러진
짓밟힌 열사들
희생은 그들이고 자유는 내가 얻었다.

그때 저만치 강 건너 불구경했던 그대들
민주화 함부로 남발하지 말라.
걸핏하면 붉은 띠 두르고 주먹 내밀지 말라.

서점에서

시집 한 권 사려고 들렀던 그 서점
한 권의 시집도 눈에 보이지 않았다
왜 시집 없느냐 했더니 팔리질 않아
때만 끼어서 모두 반품했단다.

그 순간
시인들 싹 쓸어 망했다 싶은 절망
예술 낭만 그마저 뒤떨어진 사치스런 문화
더 화려해야 했던가.
아니지 나 혼자 자문자답

지금 두바이에 실내 스키장 지상 최대로
크게 생기는 시대 누가 시시콜콜하게
시집 읽고 있겠는가.
안 팔리는 게 정답이라고
스스로 위로했었다.

그러나 나는 똑똑히 보았나니
화려했던 로마제국 황태자 드나들던 별장도
그 시대 주인 잃고
지금은 흉물로 남은 텅 빈 유령의 집

다만 영원히 꺼지지 않는 것은
대문호 셰익스피어 생가에 수많은 관광객들
인산인해 이루고 있음을 보았기로
문학은 불사조
영원한 횃불이라고.

문들레꽃

보도블록 틈 창문 열어 미소 짓는 민들레 좀 보소
문드러지도록 밟은 자욱 티 없이 방실방실
저것들은 민들레꽃이 아닌 문들레꽃이네그려

저 환한 문들레꽃 좀 보아
둑 밑에서 산 밑에서 셋방살이 전전하던
우리네 단칸방 쪽문이네그려

저 밝고 순수한 꽃 보아
작은 씨앗 나물로 자라서
저것들은 병든 자 생명의 약초라네

낮고 천한 자리 탓하지 않고 개똥밭에서도
저것들은 황금꽃 피어 나팔 부네그려

슬픈 짐승들아 너도 보라 목이 길어 슬프구나
황금꽃에 눈먼 자도 보라
인내의 면류관 저 빛나는 별 생명의 꽃봉오리
민들레꽃의 씨 오장치를……

신의 선물

졸졸졸 계곡 물소리
푸른 숲 속 새들의 노랫소리
산사를 외치는 매미들의 울음 소리
개구리들의 중창단 오케스트라 같은 소리와
초가지붕 아래 떨어진 낙숫물 소리
어머니가 불러 주신 자장가 소리
귀뚜라미 가을을 알려 주는 소리
이 모든 소리 영혼의 파동을 주는
주파수 심신을 다독이는 안식의 소리
귀담아 들을 수 있다는 것은
신의 축복을 받은 사람이다.

보석은 건강

건강한 몸의 세상
아름다운 사물 다 볼 수 있는 시력을 가졌다면
세상의 모든 소리 다 들을 수 있는 청각을 가졌다면
맛있는 음식 음미할 수 있는 미각을 가졌다면
신의 축복이라고 감사할 일이다

어느 당뇨 환자가 배추쌈 한 번 바스락 소리 내어
먹었으면 원이 없겠다고 했다
사람은 누구나 가졌을 땐 모르다가
잃어버리고 나서야 자신이 가졌던 것이
보석이었던 것을 알듯이
우리 일상 생활의
산소와 음이온과 상쾌한 향기가
우리 생명을 이어 갈 수 있도록 소중한 것인데
우주와도 같은 생명
오장육부와 육천억 마디 수억 개의
세포의 건강함을 감사한지도 모르고
부만 추구하며 앞만 보고 달려왔던 우리와 똑같이
살아왔던 스티브잡스가 마지막 남긴 말은
나는 사업 분야에서는 최고의 성공을 거둬 왔다고

남들이 내 자신의 인생은 성공의 상징이라고 하지만
일을 제외하면 아무런 기쁨이 없었다
병상에 누워 살아온 삶을 회상해 볼 때
자부심과 사회적 인정과 부는
임박한 죽음 앞에서 희미해지고
아무런 의미도 없다는 것
지금 이 순간 비로소 죽음 앞에서 깨닫습니다
우리가 목숨을 부지할 만큼의 부를 축적할 때
부와 전혀 상관없는 다른 일들을 추구해야 한다고
부보다 훨씬 소중한 것은
인간 관계와 예술과 사랑이라는 것을 깨닫습니다
쉬지 않고 부만 추구하고 달려온 것은
사람이 꼭 저와 같은 뒤틀린 괴물로 만든다는 것을
잊지 마십시오
지금까지 쌓아온 부는 가져갈 수 없지만
유일하게 가져갈 수 있는 것은
주고받은 사랑뿐이라고
자신을 잘 대접하고 이웃을 소중하게 사랑하고
이 세상에 반드시 읽어야 할 책이 있는데
그 책의 제목은 '건강한 삶' 에 대한 책이라고 했다.

치매

젊어선 술과의 전쟁
늙어선 치매와의 전쟁
삼팔선은 휴전 있건만
내겐 그 삼팔선마저도 없는
날마다 전쟁의 환란이다
술은 이성 잃은 짐승의 포악
치매는 영혼의 혼돈
짐승의 포악을 벗어나고 보니
영혼의 대환란이다
치매는 온 가족의 갈등의
바이러스다.

파도야

사나운 포효처럼 출렁인 검은바다
지각없는 짐승들의 화인 맞은 자들
죄는 그들이 짓고 애매한 날벼락
꽃밭에 떨어졌다

천지 뒤흔든 에밀레 종소리 가슴절인 사연
갈매기도 훌쩍훌쩍 목매어 운다
꽃들의 억울함을 파도야 어쩔거냐

오대양 육대주 아닌 동네 앞바다의
대명천지 밝은 대낮 이 무슨 궤변이냐
애꿎은 방파제만 치는
파도야 어쩔거나

지켜주지 못한 죄책감 태산으로 억누르고
행복도 웃음도 앗아간 텅빈 허수아비 가슴은
에밀레 종소리만 천지를 흔든다
파도야 말좀 해주려무나.

추모시

불혹의 여인 목단꽃처럼
활짝 영전에 사진 한 장으로 피어 웃는다
날개 꺾인 낭군님 어깨
암사슴 같은 두 따님 어이 잊어 가시옵니까
못다 한 사랑 하얀 국화꽃에
방울방울 눈물 젖어 어리는데

지난달 시화전 때 유난히 예쁜 꽃단장
빨간 코트가 마지막 당신의
정열의 꽃으로 속삭입니다
화려한 변신
생사의 나눔을 예감했던가요
선후가 없이 가는 그 길 뉘라서 못 간다 돌아서리오
아직은 할 일 많다고 뜨건 문학사랑
헛된 세상

솔로몬의 시 한 구절 영혼의 채찍으로 때리옵니다
피지 못한 불혹의 꽃봉오리

어둔 곳에 한줄기 빛이 되고자 가슴 앓던
당신의 평행선 시 한 편
여기 추모시 엮어서 드리오리다
가시는 걸음걸음 즈런즈런 읽어 안고 가시옵소서.

고향 생각

봄 처녀 오는 소리 남에서 불면
한 아름의 진달래꽃 가슴에 안고
봄 처녀 아름아름 꽃길 젖어 간다
병아리 떼 아장아장 앵두나무 아래
꽃잎 물어 가던 고향
내 영혼 앞장세워
귀향을 한다.

아롱거리는 석유 등잔 아래서
원앙침 꽃수 베개 수놓는 영자 순자
안부를 묻고
남에서 봄처녀 바람 불며는
꾀꼬리 고운 노래 고향 그리워
종달새 높게 날던 고향을 간다
필릴릴리 필릴리리
내 고향 무릉도원.

여망

선거 때면
온갖 공약 도깨비들의 방망이 나팔 분다
듣는 귀 수줍어서 부끄러운지도 모르고
오늘 시장에서 채소 팔던 아줌마
어느 후보자 지나가니
오빠 사랑해요 힘내세요 우리가 있어요 하면서
머리에 하트 모양을 한다

또 조금 몇 발 돌아서 다른 후보가
허름한 자전거 밀고 택배 아저씨 같은 빨간색
빛 바랜 조끼 입고
"이번 한 번만 더 밀어주세요
정말 일하고 싶습니다
열심히 최선 다하겠습니다"
가슴을 찌르는 소리다

그 말이 내 집에까지 따라붙는다
꾸벅꾸벅 절하던 그 모습 연민까지 느껴 오고

당도 지역도 초월해서 찡한 감정 몰려온다
그러나 막상 선거날 생각이 바뀐다
인간의 맘 변덕스럽긴 쯧쯧
내가 나를 흉본다
내 한 표 안 한다 해서
될 사람 떨어질 리 없겠지
5시 30분까지 투표할 맘 버렸는데
발가락 티눈 박혀 몹시 아픈데 절룩이며
집앞 바로 앞이라 뛰었다

그런데 주민증 대조 과정의
유권자들 빈 공란 보면서 깜짝 놀랐다
50% 투표 그 시간까지
하마터면 나도 그중에 낄 뻔했다
투표하고 나니 홀가분한 것을

그나저나 이번 당선자들
당선 됐다 좋아라 마세요
50% 참여율은 반국가라는 책임 묻고 싶다

그리고 제발 좀 내 지역 발전과
내 지역주의 운운하지 말라고
세계가 하나인 이때에
네가 잘 살아야 내가 더불어 사는 것쯤 알고
영혼과 정신을 병들지 않게 해 주라고
잘 먹고 떵떵거리며 골프나 치는 것이
전부인 것으로 호도하지 마시라고

시와 낭만은 아예 죽어 버린 죽은 영혼들
언제부터 당신들 골프 치고
떵떵거렸나 묻고 싶다

특히나 비례대표는 일년 동안
조례안 하나 내지 못하고
으샤으샤 줄꾼처럼 자리 채우다
내 뼈가 다 녹아 내린 세금으로
무엇들 하느냐고 묻고 싶다.

참신앙의 천국 가는 길

참빛은 해 달 별처럼 참신앙의 유일신 천지 창조주
참빛 되신 하나님의 말씀 받은 참목자가 있다

마치 올림픽 경기장 향해 지구 한 바퀴
성화불 들고 뛰는 봉송 주자처럼
릴레이식의 한 사람만의
참계시 받은 자가 있다는
시내산에서 모세가 받은 계시의 십계명 율법처럼
오직 한 분을 통하여서
오늘날 계시의 말씀을 풀어 준 오직 한 분의
입에서 나온 하나님의 말씀을 배울 때 두렵고 떨린다

그러나 자신이 믿는 종교가 참인 줄 알고
많은 은혜를 받은 것이 전부인 것으로
난 알았는데 그것은 일각의
맛배기였다는 것을 깨달았다
이 지구상엔 천지 창조주 하나님 외엔 참신은 없다

유일신 한 분께서 독생자 아들

우리에게 주신 이유 또한 죄로 인해서 끊어진
하나님과 우리의 사이 중간 다리를
이어 준 사실은 다 아는 바지만
오늘날 하나님 말씀이 구체적으로
일점 일획도 차질 없이 다 이루어지고
계시의 말씀 열계자 보일시 그대로 열어 보이신
사실 인정하지 않고 있다

그러나 구약 때도 예수님을 되려 못박아 죽인 것이
인간의 한계라는 것을 보면서
그만큼 인간은 무지하고 악하다는 것 깨닫는다
그래서 성경에는
다시는 구약과 같은 오류를 범하지 말라고
구약을 거울과 경계 삼아 기록해 두었다.

흔히 쓰는 우리의 속담 중에도
알아야 면장도 해 먹는다고
그 뜻 알지 못하면
아무것도 할 수 없다는 것이 아닌가?

화엄사 풍경화

칠월의 한낮 화엄사 풍경화
푸른 숲 출렁이는 강 언덕 위
하얀 조각구름 돛대 저어간다

계곡의 흐르는 물소리
어느 여인의 거문고 타는 소린가
은은한 달빛 젖어 고요한데
풀벌레 소리가 사색을 몰고 온다

이십년 전 그 하늘 그 산사의
도란도란 미모의 여인아
속내 풀어 다독인 추억은 농익은 감처럼 예쁜데

그때 그 하늘 뜨거운 태양 아래
환한 미소에 젖어 나도 미인이 된 그때 기분
아 그립다 하니 그리워
유수와 같은 세월 속에 추억 낚는다.

* 김숙려시인은 지금은 캐나다 밴쿠버에서 한인문인회장으로 있다 함.

제 **3** 부

개구리 중창단

석양 노을 곱게 물들고
화려한 연출의 배경이 뜰 때쯤
지휘자 개구리가 개골 하면
필릴리 필릴리 풍년제 대풍가를 울린다.

사모곡

고즈넉한 가을밤
창밖에 휘영청 달은 밝은디
울어 예는 풀벌레 소리 애달픕니다.

저 멀리 바다 끝 아득한 수평선
아슴푸레
가신 님 바람 타고 하매 오시나
갈대밭 사이사이 놓인 샛길을
해작해작 헤쳐 오시옵서예.

당신과 나 사이에 놓인 다리가
유무의 장벽 너무 높아서
차라리 바람으로 오시옵서예.

보릿고개

앞산에 서럽도록 울어 예는
뻐꾹새는
봄이 오면 밥 먹었냐 밥 먹었냐
앞산에서 뻐꾹
뒷산에서 뻐꾹
보릿고개 못 잊어서
원혼의 밥타령 뻐뻐꾹.

학

아름다운 수채화 석양 노을
저 하늘에도 바다가 있나
하얀 돛단배 흘러가고
사뿐사뿐 부채춤사위
어느 한량의 도포 자락
수류운공 바람 타고 하늘 비상하는
저 한 폭의 그림은 누구의 갤러리일까.

마지막 이별 당신 얼굴은

딴 세계 외계인 입관식
싸늘한 당신의 이마에 내 얼굴 묻고
고해와 깊은 성찰로
인생의 정의를 배웠습니다

짚불처럼 사그라지던 당신의 영혼
이승과 저승의 교차로
참 평온한 갈림길을 보면서
당신의 진정한 평소의 성품 그대로
고운 닻을 내리는 마지막 참 아름다운 여운

내 같은 여자가 아내라고
마지막 미음 따복따복 받아 잡수고
평소에 좋아하던 된장국 마지막 드시고
목욕 내 손수 다 마치고 옷갈아 입힐 때
가뭄에 타죽은 앙상한 나목 같아서
대성통곡하는데
당신은 아침이슬처럼 사라진

드라마 같은 이별이었어요.

고마워요 마지막 임종을 내 품에 안겨 가시니
정말 고마워요.
평생 나의 애간장 말리던 원수로
가슴앓이의 술병이었던
죽음이란 공포의 대상이었는데
당신의 가신 모습에 또 다른 한 차원 세계로
승화하는 성스러운 참 아름다운 당신과의 사별
하나님 품에 안기는 모습은……

개구리 중창단

새봄 알리는 개벽 소리
한 해 풍년의 기원제
집 앞 무논 씨나락 뿌려 놓으면
지들의 KBS 무대
해마다 연례 행사로 찾아오는 오케스트라 중창단
석양 노을 곱게 물들고
화려한 연출의 배경이 뜰 때쯤
지휘자 개구리가 개골 하면
필릴리 필릴리 풍년제 대풍가를 울린다.

영생

칠순에 날 부르면
칠칠맞게 살아온 것 부끄러워 못 간다고 아뢰라
팔순에 날 부르면
팔팔하게 이제 막 뛰려고 한다고 아뢰라
구순에 날 부른다면
구차한 사연 많아 억울해서 못 간다고 아뢰라
백세에 날 부르면
백문이 불여일견 성공하고 보니
이제 세상 맛 알 듯해 좋아서 못 간다고 아뢰라
백십에 날 부르면
우리 주님 재림하여 영원한 영생 길
영생불변 호시절 불사조처럼 산다고 아뢰라.

친구의 속엣말

아이 순애야! 금매 진아가 결혼날 받아놓고 그 년이 요러드란 말이다 아 글씨 지는 시집가믄 절대로 엄마집 간장, 된장 안 갖다 묵네잉 미리 말했응게 서운하다고 하지 마소잉

아! 그러기에 왜냐고 이유를 물응께

친정 것 갖다 묵으면 보초대가리가 없단다고 쓰고 맛이 없어도 이미 그 집 사람이 됐응게 설령 된장 맛없어도 그 집 풍습 따른다고 그러드란 말이다

그 말을 들은 나는 어이 자네 딸 대한민국의 종자씨 했으면 좋겠네 그런 며느리만 있다면 고부간 갈등설도 없을 것이네

또한 남편과도 이상이 안 맞다고 이혼설도 없을 것이 아니것는가 남편의 입맛에 갑자기 친정 것으로 하면 맞지 않것제잉 안그런가? 생각해 봐 어이 그래도 진아가 고런 말헐 때 겁나게 서운하대야

딸 자석 시집가면 도둑년이단 말이 요런 것인갑다라고 생각들드만 딸 하나라고 있는 거 없는 거 다 싸서

줄랑께 엄마집 것 안 갖다가 묵는다고 그 집사람 됐뿌렀다고 그런 소리 들응게 험하게 서운하데야

어이 난 자네 딸의 현명한 생각을 온 천하에 자랑하고 싶네야

우리가 이런저런 이야기 친구의 속엣말 주고받은 지가 조금 전에 한 것 같은데 벌써 세월은 20년이 흘렀다 진아는 불혹을 훌쩍 넘고 50고개 다다랐고 자녀들은 벌써 대학생 됐다 모 병원 사모님이 된 진아는 얼마나 예쁘게 잘 사는지 광주가 시댁인데 셋째 며느리란다 시집가서 지 신랑이 제일 많이 배워서 병원 원장이 된 시집에서 혹시 남편에게 누가 될까 봐 시집에 가면 부엌에 먼저 들어가서 허드렛일을 한다고 들었다

의지성스런 친구의 딸 그녀는 게스트 사업도 하고 미술갤러리도 하고 눈코 뜰 새 없이 바쁘게 살고 있다.

대대만의 그때 그 바람

석양 노을 뉘엿뉘엿 넘어갈쯤
게 단지 머리 이고 방죽 길 자박자박
오시던 길은
만국의 새들 박람회장
인산인해의 물결치고
울 엄니 이제 오신다면 날 찾지 못해유
갈대밭 휘젓던 그때 그 바람
모과 꽃피던 양철 대문집
무시로 드나들던 그때 그 사람.

* 대대만 : 순천만의 옛 이름

자아

빛으로 태어나고 싶다

용서와 사랑과 인내와 자비
이와 같은 흉내라도 내고 싶은데
혈기가 살아서 자아를 죽이지 못하고
더 뻣뻣하게 살아나는 이놈의 자아

양잿물 넣어 푹푹 삶아서
방망이로 탕탕 두들겨 패서
흐르는 시냇물에
철철 헹굴 수 있다면
빛 바랜 새 마포 옷으로 덧입고 싶다.

후회

저 멀리 동천물 위에 반짝이는 물보라에
아스라한 그리움 밀려온다
잡을 수 없는 너
사랑하는 사람아

앞만 보고 달리던 꿈 부질없는 무상인 것
못다 한 사랑 영혼에 수놓는다
보고자운 사람아

치자꽃 피던 오막집 장독가에서
너는 엄마 나는 아빠 소꿉놀이 같은 삶
엄마라는 단어가 행복의 전부인 것
이제야 알 듯하구나

엄마 밥 줘 엄마 돈 줘 엄마 운동화 사 줘
엄마 짜장면 먹고 싶어 하던 그때
좀 더 다독이며 귀 기울여 줄 것을
아려 오는 한줄기의 간 줄기를
가슴에다 묻는다.

비리와 시인의 나팔 (1)

백성들 듣거라
한탕주의 어차피 세상
밤잉께 도둑 춤추고 장구 쳐도
그들의 영역이라 그냥 두고만 보거라
백성들 듣거라
귀도 눈도 막고 숨만 쉬면 사는 거다
상감마마 아뢰요
소인 아룁기 황송하오나
요즘 연속극은 가시내들이 머슴애들의
뺨 철썩철썩 때리옵니다
머슴애들은 손만 싹싹 비옵니다
여봐라 게 아무도 없느냐
예이
짐을 모욕한 죄로 저 저
시인 찌꺼기 당장 하옥하라
저 용공 분자를……
예이.

비리와 시인의 나팔 (2)

광양제철 별들은 용광로 속에서
뜨거운 핏방울 송알송알 쏟는 이유는
국가와 가족 위한 삶의 원천인디
생태계 교란시킨 잡식종 포식자가
나타나서 그들의 치즈를 부대에
쓸어 담다가 자루가 터져 야단이여
뭣이라고 고것이 참말이당가
내가 뭘라 거짓말 헌당가
긍께 참말인디 고것들 멍청허당께
항상 밤만 있간디 날 새면 또 햇빛나제
그럼 그때 굴비처럼 줄줄줄 엮어 가야제
설마 전두환 시절도 아닌디 엮어 가간디
요새는 같은 동질의 방망이가 모로쇄는
죄없음 탕탕탕 때려뿐당께
고 짓꺼리 연례 행사당께
그렁게 삼청대 그 집단 말이시
그때처럼 족쳐뿔면 쓰것는디
어매 어쩌까이-잉 못쓰겠네 이~잉
고 작것들 모감지를 작신 부질러 불면
속이 다 시원허것는디 이-잉.

마네킹

너가 사람이냐 마네킹이냐 묻고 싶었다
모두가 한공장에서 나와 버렸다
자기의 개성미 그 좋은 것 다 깎아 버리고
세상에서 제일 아름다운 미를 뽐내는
마네킹이 걸어가고 있다
진종일 유리관 속에 있던
저 마네킹이
외출을 나왔나 보다.

순천만

곱게 피어오른 갈대꽃은
내 육신 양식이다
내 생명의 젖줄이다

뭍에서 밀려든 온갖 오물
다 받아 삭이고 피워 낸 갈대꽃
빗자루 매어서 부잣집 안방 마님
사랑받던 그 시절의 대형 청소기

어미새 머리에 이고 자박자박
장에 가시면 빗자루 팔아서
꽃신 사 오신다 했지.

개구리 소리

상무지구 시멘트 숲 속에
지인의 불불
하늘에 떠 있다
개발되고 남은 자투리땅
무논 한구석에서

내 고향 서정시 낭송
한 구절 듣는다
온 가족 저녁밥 먹을 때쯤
연례행사로
찾아오는 천의 중창단

지휘자 지휘봉 따라
이쪽에서 개골 하면
저편에서 개골개골
오케스트라의 저 아름다운 소리
후세들은 저 소리 알기나 할까
사라진 공룡처럼.

엄니 생각

열무김치 호박나물
보리밥 뒤적여서
어여 먹어라 어여 먹어라

엄니 생각 그리웁네
텃밭에 호박 따 엄니 흉내 냈더니
그때 그맛 영 안나

깨기름 몽땅 넣어도
한 수저 떠 입에 넣으니
엄니 향수 목메어뿌네.

세 살 하은이

강아지처럼 쫄랑쫄랑 따라오고
나를 아줌마란다
참 오랜만에도 반가운 눈빛
지 에미가 할머니라고 부르라면
고개를 끄덕이고
조금 후 다시 아줌마 부르는 손녀딸
참새처럼 재잘대는
나는 도무지 알아들을 수 없는 방언
야 에미야
나는 모르겠다 뭐라 하냐
지 에미가 대변을 해 준다
오늘 바람이 많이 분다고
할매 조심해야 된다고
하하하 신기하구나.

난 이방인 같구나 어서 영어를
나도 배워야겠네.

해녀 (1)

검푸른 바다의 늙은 갈매기
꺼이꺼이 생활시 쓰고 간다

죽을 둥 살 둥 네 발 갈퀴로
먹이 하나 따물고 삘리리~
기이한 나팔을 분다

철철 헹굼질한 자맥질 같은
저기 해양 장관 얼떨떨한 청문회
삘리리~ 한숨 쉬어 간다.

해녀 (2)

잔잔한 어머니 젖가슴도 같은
생명줄의 두 얼굴로 후려내친
하얀 포효를 그렁그렁 주워 담는다

바다 속을 훤히 아는 그녀가 바로
깨끗한 삶의 해양 장관이다.

꿈 (1)

어젯밤 어머님 보았습니다.
쌀 떨어져 연탄 떨어져 미원 간장까지
원수같이 한꺼번에 떨어져
오장육부까지 덕지덕지 꿰매던 가난
밤새워 애들 양말 뒤꿈치 곱게도 때우던 모습
역력히 보았습니다.

그렇게 가난해도 흔들림 없이 인자했던 어머니
달걀 하나에 밀가루떡 부쳐서 도시락 다섯 개 싸던
오두막 사글세 단칸방
떨어진 운동화 젖은 것 곱게 꿰매어
연탄불에 말리던 어머니
그때가 행복했는지도 모릅니다.
삼대가 도란도란 도라지꽃 피우던
별처럼 아름답던 그 꿈
깨고 싶지 않았습니다.

당신의 헌신 마시고 자란 손자들
궁 같은 집에서 아파트 한 채 값의 자가용 타 봐도
이방인처럼 아무런 재미도 없는
행복이란 부만이 전부가 아니라는 것
가슴으로 마셨습니다.

꿈 (2)

어머니 우리 집 오두막에도
무궁화 꽃 한 송이 활짝 피었습니다.

어머니 밤새워 양말 뒤꿈치 때울 때
에미야 저놈 발가락에 가시가 돋쳤나 보다야
뒤꿈치 꿰매 놓으면 앞발가락이 쏘옥 나오고
나가 당췌 못 당허것다야.
저놈은 잠뜻까지 사나워
유도하던 뻰센 장작개비 같은 다리로
옆구리 어젯밤에 차더니 절려 죽겠다 하시며
파스 붙일 때마다 고개 숙이던 작은놈

눈만 껌뻑이고 죄송해 하던 것은
작은 방 그것이 유죄였는데
당신 은혜 보답이라도 할 맘으로 바늘구멍 뚫고
무궁화 꽃 피었습니다.

어느 추석날 그놈이 써 놓은 일기 몰래
들춰 보다가 먹구름 쏟아져 하늘 가리던
그때 그 낙서 같은 일기장

“오늘은 추석인데 우리 집은 먹을 것이 하나도 없다
송편도 없고 사과도 없다 물만 마셨다
참 재미없다”
라고 쓴 일기장.

고향 길

은행나무 침대
천년의 전설을 가진 그가
순천시 가로수로 푸르게 서 있다

가을이 오면 쏟아내는 눈부신 갈채
황금빛 무구한 고별가 부른다
남루한 옷 그마저도 즈려밟고 가라
내어 주는 고향 길

설익은 단풍 잎새 하나 이승의 연
떨칠 수 없어 파르르 떨고
훨훨 벗어던진 자유의 몸
바람 따라 뒹굴고 어서 오라는
고향 길

포근한 안식 잠기고픈 낙엽길 한사코 쓸어 담는
미화 아저씨 손길
그냥 두세요 라고 독백하는 나
쓸쓸한 낙엽길 한사코 걷고 싶은 이유는
나도 몰라 몰라.

베 짜는 소리
—어머니 7

동지섣달 그때 그 밤은
왜 그리도 길었을까
하얗게 눈 내리던 그 밤
베틀에 앉은 어머니 베 짜는 소리 귀 세워
찰그닥 찰그닥 눈 떠 보면
가물거린 등잔불에 비친 야윈 얼굴
설움 가득 고였던 어머니
뒷산 여우 울어 가던 밤
임 그리워 우는지
독수공방 그 속내 알 바 아니고
뽀시락 뽀시락
선반 위 똘감 홍시 생각만 가득했던 나
눈치 챈 어머니 허리에 찬 바디 내려놓고
발에 신은 끄시끼도 벗고
선반 위 홍시 내주고
어머니는 무 하나 깎아
와시락 와시락 부수던 그 밤이
왜 이리도 그리워질까
하얀 눈이 내리던 밤.

가난

작은 것이라도 감사를 아는 나
울 어매 은덕으로 안다.
울 어매 한세상 살다간 모습
요강 씻은 물까지도 텃밭에 뿌려서
그 물 먹고 자란 푸새로
된장국 끓여 주던 울 어매 사랑
그것 먹고 자랐기로 작은 것의 감사와
가난을 안다.

가난은 무섭고 두려운 존재로 다가와서
흔들리는 내 영혼 일깨워 올곧게 가라 하고
매섭게 후려치는 훈장님 회초리처럼
가난보다 더 큰 스승은 없다는 것 안다.

제 4 부

사랑 하나 붙잡고

사랑은 받는 것보다
주는 것이 행복하다는 것
여기 머물러 내 모든 것
다 줄 수 있는
사랑 하나 붙잡고 싶었다.

무언의 사색

세익스피어는 영원한 불사조다
생가에 방문했을 때
단발머리 그대로 책만 보고 있었다

무언의 사색으로
각국에서 몰려든 문학기행 인파는
구름 떼처럼 밀려오고 밀려가는
쏟아지는 국위 선양

그래서 거대한 땅 인도와도
바꾸지 않는다고 했을까?

사랑 하나 붙잡고

유럽여행 14일 동안 집에
전화 한 통 하지 않은 이유
홀연히 벗어던진 모든 것
기억하고 싶지 않은
그 때문만은 아니다

그동안 쌓였던 무거운 짐
나의 뇌를 퐁퐁으로 싹 씻어 버릴 수 있다면
새로운 것으로 채울 수만 있다면
철새처럼 내앉은 자리
고향이고 싶었다.

우리 집 양반은 서울만 가도
도착해서 자고 깨는 것까지
일일이 보고하는
나를 사랑하는 징표라는 것도 아는 나

사랑은 받는 것보다
주는 것이 행복하다는 것
여기 머물러 내 모든 것
다 줄 수 있는
사랑 하나 붙잡고 싶었다.

영혼의 꽃불로 태울 수 있다면.

유로스타 추억

유럽에서도 시차가 한 시간이라는 사실을
몰랐던 우리 일행
가이드 없이 영어 선생들의 빽 믿고 나섰다가
하마터면 미아처럼 헤어질 뻔했다.
유로스타를 타고 런던으로 가던 도중
몇몇 일행 앞세우고 뒤따라 내리던 나
런던 같지 않아서 승무원에게
런던? 하고 외쳤다.
어느 간이역만큼이나
거대한 뚱땡이 여승무원
그가 손짓 발짓 다 흔들며
노우 노우!
어서 차에 타란다.
차는 떠나려 하는데 잽싸게 끌어올린 여행가방
안도의 숨을 쉬는 우리 일행
하마터면 큰일 날 뻔했다고
나도 한마디 영어로 빛을 냈노라고
우리 일행 폭소가 터졌던
유로스타 추억이 뜬다.

몽마르뜨 언덕

몽마르뜨 언덕을 누가 낭만의 거리라 말했나.
생존의 아우성만 번득이는 거기
내 얼굴 그려 먹고살아 보겠다고 달려드는 화가들의
애처로운 눈빛 연민이 밀려오는 곳
꼬리아 마담 참 예쁘단다.
하얀 미소 서투른 언어로 언사를 떨고
차마 뿌리칠 수 없어 맡긴 내 얼굴
나 아닌 서양년 그려 놓고선
똑같아 똑같아 내 얼굴 한 번 초상화 한 번
마음에도 없는 상술로 나를 속인다.
행여 내가 아니라고 돈 안줄까 봐
꼬리아 마담 예쁘다며 맘에 없는 아양 떨고
저도 웃는다.
김정웅 회장님 똑같아 하는 말 흉내 내고서
우리 일행 폭소 터지던 추억의 장
우리 안방에 빙긋이
몽마르뜨 언덕의 유럽마담
아무리 봐도 나 아닌
머리에 쓴 모자만 똑같아 똑같아.

셰익스피어

영국에 가면 영원히 죽지 않은
불사조가 있다.
조용한 마을 옛 모습 그대로
피아노 앞에 조용히 고개 숙인 채

단발의 헤어스타일 셰익스피어는
성경책만 읽고 수많은 인파가
썰물처럼 밀려와도
모여드는 문학기행 인산인해 속에서도
고개 한 번 들지도 않고 글만 먹고

그리하여 거대한 땅 인도와도 바꾸지 않는다는
사람은 책 만들고 책은 사람 만든다는
그는 죽어서도 국위선양 톡톡히 하는
영원한 불사조
밀려드는 문학기행 관광객 인파로
영국을 먹여 살리는
영원한 애국자다.

에델바이스 (1)

알프산 산맥 거기 필라토산
낙락절벽 딛고 우뚝 꽃 피운 에델바이스
창조주 오묘함을 노래하고 있다.
뇌성돌풍 후려쳐도
나팔 부는
겁 없는 신비
어느 꽃인들 세상 아픔 없이 피었으랴만
사람도 바위도 날려버릴 듯한
조석으로 변덕스런 히말라야 괴변
시린 가슴에 어이 싹 틔웠을까
먼지톨 같은 씨앗을 뿌리내리기까지
측량할 수 없어라.
에델바이스 머리 꽂고 노래하는 너를
세상 사람들 얼마나 보았을까
눈안개 돌풍 속에서 나팔 부는.

에델바이스 (2)

낙락절벽 거센 돌풍을 딛고 선 너
알프스산 중턱
휘몰아치는 진눈깨비 조석지변 일기 속에
뉘 물 주는 이 없고 봐 주는 이 없어도
방실방실 피어 웃는 너
극치 중의 극치라
헤벌어진 입 다물지 못했다.

우르릉 쾅쾅 천둥소리 그러다
햇빛 번개처럼 스치고
구름 타고 온 선녀가 되는 괴팍한 땅
천지창조주의 오묘를 노래하는 너는
천사의 나팔.

내 고향 대한이 좋아

괴테 생가에 들렀다 프랑크푸르트 광장
갔을 때 가이드 한 말에 브라보 외쳤다
그 강당 위엔 그 나라 장급 아닌 외인은
설 수 없는 선례를
차범근 선수가 우뚝 서서 강연했다며
우상처럼 뜬다기에 괴테가 드나들던
학사주점에 우리 일행 술 못하는 집사님은
맹물 높이 들고 브라보를 했다
참 신기한 것은 맥주값은 우리 돈 1,500원
맹물 한 컵은 3,000원
산 좋고 물 좋은 대한을 그곳에서 배웠다
스위스 산맥이 우리나라 산 닮은가 했지만
어림없어 마시면 그 순간
목에서부터 굳어버린 석회질이
우리 폭포수처럼 흉내 낼 뿐
참으로 우린 축복 받은 나라인 것
나는 그곳에서 배웠다
그래서 네덜란드 가는 길목 차창밖에
손 흔드는 달맞이꽃이 내 고향 뒷산에서 본 듯한
향수에 젖어 한없이 반가웠지.

성형수술 아닌 아름다운 미

암스테르담 공항에서 7년 전에 본 인도 여인
그녀는 내 곁에 지금도 애인처럼 따라다닌다

150정도 키를 좀 더 커 보이기 위해
올백으로 빗어 올린
야자수나무로 묶어 세운 머리 땅딸이 키에
늘어뜨린 머리와 야자수 무늬 원피스에
80킬로 정도이던 윤기 반지르한 태평양 바다
풍성한 그녀 가슴 파도처럼 출렁인다

단점을 작품으로 승화한 멋진 창출은
누구도 흉내 낼 수 없는 독특한
지구상의 최고의 걸작이었다

해바라기꽃만 꽃이라던가
앉은뱅이 꽃도 꽃일레라
들꽃에도 그윽한 향기 다가와
자연의 신비를
일깨운 그녀가 지금도 내게 따라 붙어 있어.

미라보 다리에서

세느강가 웅장한 건물들
천년목 유산이라 버티고
미라보 다리 아래 흐르는 강물은
천년을 파닥이고 흘러가네
아폴리네르 시인 불러가네

"밤이여 오라 종이여 울려라
세월은 흐르고 나는 남는다

날이 가고 세월이 지나면
흘러간 시간도
사랑도 돌아오지 않네
미라보 다리 아래 세느강만 흐른다

밤이여 오라 종이여 울려라
세월은 흐르고 나는 남는다."

아폴리네르 시가 떠오르는
미라보 다리에서.

미켈란젤로 작품

천상천하를 왕래하는 천사들의 날개다
영적인 세상, 일러주는 빙산의 일각으로
그 나라의 맛배기다
사람의 손을 빌려 그린 것이나
영의 나라 일깨우는
우리들의 소망인 동산이다
영의 눈으로 봐야 하는 그곳은 분명
내 고향이다.

나고야에서

나고야 성안 길
연분홍 벚꽃비 쏟아지는
여기도 내 고향 봄이 왔구나.

나라 잃은 서러움의 유목민처럼
까악까악 울어 예는 까마귀소리
현해탄 너머 그리운 고향
복사꽃 하매 피었느냐고
징용에 끌려가 소식 없는 거시기네 아제
고향 그리움 까맣게 타버린
영혼 까악까악 까마귀 운다.

달콤한 소주맛

변산반도엔 서생들만 살았나 봐
태곳적부터 쌓아둔 도서관 있었나 봐

첩첩쌓인 책마다 어느 서생 손때길래
저리 검은 빛 닳고 닳아 빛이 나는가

그때도 소주 파는 아낙네는 있었을까
티없이 맑고 환한 뚱보 아줌마
달콤한 소주맛 알싸하게 물들었다

구물구물 세발낙지
한 접시 더 부른 정조 회장님

털어봐야 서생 호주머니 빈 먼지 뿐인데
한사코 뚱보 아줌마 웃음소리 푹 빠진
우리 회장님 난 못 말려 또 한 접시
낙지 한 접시.

촉석루의 낮달

영원불멸 선혈의 꽃
모란이 묵화로 피고
고요한 뜨락에 묵시를 쓰는 여인

유유히 흐르는 강 언덕 위
멍울 진 영혼의 절개 지킨 은장도
하얀 낮달로 떠 있다.

시국 잘못 만난 비운의 꽃댕기
맺힌 상념 마디마디 열 손가락 반지의
수장의 목 끌어안고
한 떨기 낙화유수

촉석루 강 언덕 위
영원불멸의 불사조
하얀 낮달로 떴다.

해금강 (1)

억년 세월 하늘배기
우뚝 솟은 산봉우리
아름다운 너의 자태는
청푸른 옥색치마 허리춤의
난 치는 기생이라.

높은 절벽 허허공공
석바우 우뚝 선 낙락장송은
뉘 걸작인가 하니

천지 창조주이신
울 아부지 억년 세월
굽어 살핀 대작이구만.

해금강 (2)

세상 권세 잡은 자들
내 발 아래 메었노니

오만한 자
모두 무릎 꿇어라

더러운 세상때 씻어가라고
장군처럼 우뚝 서서 나팔을 분다.

고아

기내에 산소가 부족해
울어 보채는 채송화꽃 같은 아이
이쪽은 오경민 군 저쪽은 유지희 양
고사리 손등에 유럽 양부모 주소를 시계처럼 찼구나.

또 한쪽 손은 어느 영아원의 주소를 차고
낯선 품에 안기어
이역만리 타국 땅을 왜 가느냐고
진주 같은 눈물을 쏟아 낸다.

유럽행 기내에서
가슴 아픈 종종 보는 일상
뉘 책임 없이 뿌린 씨앗인지
새보다 작은 가슴엔 우주를 떠안고
산머루 같은 눈동자에 연민이 밀려온다.

철없는 듣구하의 가냘픈 운명
오대양 육대주를 떠안고 가는 그 모습

내 영혼 쓰라려도
바라만 볼 뿐 아무런 도움이 되지 않는 나

부디 건강하고 씩씩하게 커 다오
조국은 버렸지만
고향 찾는 연어처럼 너는 찾아와 다오.

* 그들이 벌써 17살이다.
1999년 8월 18일 서울발 암스테르담행.

향수

쇠똥 내음도 고향 내음이면 좋다
아카시아 꽃 내음만 향수가 아니다
땀에 절은 동백기름 내음도
눈물겹도록 좋다

풋풋한 프로랄 부케향만
향수가 아니다

모란이 피는 굴뚝 연기에
된장 시래깃국 구수한 내음
문틈 사이로 들어오던
고향 집 향수는
쇠똥 내음도 어머니 땀 내음도
눈물겹도록 좋다.

가을

꽃피고 새 울던 사월 초순
벌써 사월이냐고 했던 때가 어제인 듯
불혹의 끝자락마저 먼먼 뒤안길로
돌아서 간 지 오래

덕수궁 돌담 한 번 돈 듯한데
내게도 불혹이라는 그때가 있었나 아스라하다.
유월의 초순도 그러하리니
가을 햇살 반짝 아주 잠시이듯이
가는 해 연년이 그렇구나.

접치재 등산길 오르락내리락 그뿐인데
억새꽃 흩날리는 가을
초연히 고개 숙인 으악새꽃이었구나.

구룡폭포

새하얀 물보라 선녀들의 자해다
눈부신 포말은 속세의 찌든 때 해탈

우뚝 솟은 물기둥에 피는 무지개는 선녀들
하늘로 오르는 승화의 꽃다리다

저 천년수에 내 영혼 씻어 철철 헹구면
해묵은 상념 옥같이 빛나리

메마른 가슴에 파동치는 주파수
물 물 물~
시원한 폭포수여

당신은
나의 운명 나의 생명 나의 숙명
영원한 동반자.

■ 김창수 사장이 최순애 시인에게 보낸 글

최순애 FC님!
안녕하세요. 김창수 사장입니다.

정성껏 포장해 보내 주신 시선집을 꺼내 보며
지난 6월 순천지역단 순천지점을 방문했을 때 뵈었던
최순애 FC님의 건강하시고 활짝 웃으시던 모습이 떠올라
제 마음이 따뜻해지고 힘이 솟습니다.

소중한 정성, 진심으로 감사 드립니다.

시선집 내용을 하나씩 살펴보니,
한자 한자, 한줄 한줄 최순애 FC님의 열심히 살아온
삶의 발자취가 물씬 담겨져 있는 것 같았고,
34년 동안의 생명보험에 대한 애정과 열정을 느낄 수 있어서
개인적으로나, 사장으로서 모두 깊은 감동을 받았습니다.
지금의 건강하시고 행복한 최순애 FC님의 생활이
앞으로도 계속되고 더욱 풍성해지시길 바라며,
저도 마음을 담아 응원하겠습니다.

끝으로, 최순애 FC님의 삶과 시집, 감동을
저만 가슴에 담기가 아쉬워 우리 회사 경영진과 현장의 단장들이 다함께 공감할 수 있도록 시집을 선물로 보낼까 합니다.
다시 한번 감사의 말씀을 드리며, 건강하시길 바랍니다.

社長 김 창 수

사장님께

보내 주신 옥서진필 너무 감격해서 소중한 보물로 간직하겠습니다. 바쁘신 일상 중에 신경 써 주신 은혜……

환절기에 사장님의 건강을 빕니다. 사장님의 따뜻한 정이 가득 담겼기에 무척 행복합니다.

그 높은 자리, 우뚝 선 그 자리가 늘 쫓기듯 경쟁의 소용돌이치는 칼바람 같은 소리가 삭풍에 떠는 바람처럼 아려 옵니다. 고독한 그 자리 존경과 경의로움에 고개 숙여집니다.

사장님! 이젠 건강을 돌아보십시오.

건강이 무너지는 것은 한순간 찰나이더군요.

스티브 잡스가 했던 말을 저의 시와 접목시킨 이유도 절절한 가슴에 와 닿아 보험영업 목적만 위하는 것은 마치 저 자신이 괴물 같다는 생각이 들어서 보험은 당신을 위한 사랑이라는 진실을 심어 주기 위해서 성찰이 먼저라는 것 깨닫고 매일 숫돌에 칼 가는 심정으로 내 영혼 갈고 닦아 자작시를 씁니다.

고객에게 전달된 마음과 마음이 소통해서 내가 굳이 보험해 달라고 하지 않아도 나의 실적 먼저 걱정해 주신 사랑 속에 오늘날 제가 다섯 권의 시집을 발간하고 부와 명예를 얻을 수 있어서, 죽어 다시 태어나도 나는 자랑스런 FC가 되겠노라고 노래합니다.

특히 자랑스런 순천영업국 정석자 지점장은 본인이 증원한 삼성의 자랑이며, 또 어느 기업 오너이면서 대학 경영학 교수님을 시인으로 등단시켰는데 그 사장님 공장 앞에 오너의 아름다운 시비가 세워져서 오고 가는 사람이 너무 좋아한답니다. 지구가 멸망하지 않는 한 그 사장님의 시는 빛날 것입니다.

그 교수님은 매달 천만 원씩 보험 넣어 주면서도 저에게 FC가 아닌 선생님이라는 호칭을 받을 때 참 행복합니다.

영국에는 영문학과 생도는 천 편의 시를 암송해야만 졸업할 수가 있답니다. 우리나라는 앞만 보고 달리는 것은 마치 1, 2, 3등만 살아남는 마라톤과도 같은 등수에 못 들면 허탈한 맘에 삶의 의욕도 상실해 버리는 안타까운 현실이지요.

우리 회사가 시 한 구절 암송할 수 있는 그런 회사가 되었으면, 작은 자나 큰 자나 서로 최선을 다하는 사람들에게 격려와 박수 쳐주면 인정받는 회사가 되어 더 행복할 것입니다.

제가 시를 쓰는 까닭은 인생은 마치 연극무대에 선 단막극의 배우에 불과한 웃고 울다가 지는 한 송이의 꽃이라고 생각했습니다.

어느 회사 오너가 순간 부도나니까 사글셋방을 전전하는 것도 보았고, 하늘이 얕아 못 뛰는 도도한 사모님도 어느 날 병원에서 보니 한 팔 한 다리 질질 끌고 가면서 저를 힐끔힐끔 보더군요.

인생 별거 아니여, FC 대본 받은 나, 고객에게 달려가서 설계해 주고 가정을 지켜 준다는 자부심에 뛰고 뛰어도 피곤치 않고 35년을 한결같이 달려왔습니다.

대메이커 회사에 몸담은 나 자신 또한 메이커라는 자부심으로 든든한 대들보와 같은 회사가 있어 행복합니다. 저를 인정해 주신 것만으로도 행복합니다.

사장님, 감사합니다. 고맙습니다.

2016. 10.

최순애 시인 올림

최순애 시집

꽃망울의 짝사랑

초판 인쇄 2016년 10월 10일
초판 발행 2016년 10월 15일

지은이 | 최순애
펴낸이 | 김효열
편 집 | 이미정
마케팅 | 김효숙 · 김영미 · 박미옥

펴낸곳 | 을지출판공사

등록번호 | 1985년 2월 14일 제2-741호
주 소 | 서울시 구로구 가마산로27길 24, 319호
우편번호 | 08298
전 화 | 02) 334-4050
팩 스 | 02) 334-4010
이 메 일 | ejp4050@hanmail.net

값 13,000원

ISBN 978-89-7566-166-2 03810